윤석열의 길

윤석열의

길

사진 **김용위**

글 **윤석열** 어록

Ⓛ company

사람에 충성하지 않습니다

국민에게 충성합니다

진심을 담은 사진

" 내가 이루고 싶은게 있는데 함께 해줄 수 있겠나?"

길어지는 코로나로 인해 내 주변과 세상은 시끄럽고 어려워지고 모든 것들이 불안정하다고 느껴질 그 무렵 그렇게 그는 내게 찾아온 새로운 '설렘'이었다.

회사의 대표, 작가, 팀장 등 세상이 나를 부르는 호칭과 직급이 다양하지만 나는 흔히 말하는 사진쟁이로 불리길 좋아한다. 격이 없고 허울 없는 사진을 좋아하는 나를 이보다 잘 표현하는 단어가 없는 듯하기 때문이다. 다소 거창한 이유로 보일 수 있지만 어려서부터 늘 말과 글로 이야기를 전하기보다 그림과 사진으로 내 감정을 표현하고 전달하는 게 편했던 것 같다.

'사진은 빛으로 그리는 그림이다'라는 말이 내겐 참 어울리고 마음에 드는 말이다.

화려하고 거추장스러운 단어의 나열들은 조밀한 듯 하나 때론 그 왜곡된 의도로 진실을 가리기도 하는 감정의 칼날이 되는 것을 많이 보아왔다. 이럴 때 사진 한 장이 주는 감정의 여백이 포함된 질문지는 사람들 각자 스스로의 답을 찾고 채워 담는 잔이 되어주었고 그 잔은 늘 넘치지 않았던 것 같다.

검찰총장, 외골수, 탄압, 정치초보, 내가 만난 윤석열이란 "사람"에게 붙여졌던 1년 전의 단어들이다. 강해 보이는 눈매 안에 선하디 선한 눈빛과 옹골찬 얼굴 뒤에 서글서글한 동네 형님의 미소가, 우직하고 곧은 몸짓 속에 사람 좋아하는 따뜻한 온기가 전해져 왔다. 그는 내게 국민의 눈높이로 본인을 보여주고 싶어 했다. 출세나 사욕 따위와 거리가 멀어 보이고 아무런 준비가 되지 않은 이 사람의 주변과 그들의 이야기를 담는다는 것이 다소 무모해 보일 수 있었으나 한치의 망설임 없는 그 무언가의 이끌림으로 내 심장은 뛰기 시작했고 사진쟁이인 나는 그가 보여줄 이야기가 너무도 설레었다.

"빛으로 그리는 그림"

그의 이야기들을 글이 아닌 빛이 그리는 그림으로 담아 전달한다는 생각으로 사진 한 장 한 장을 그려내길 1년...

그는 이 나라의 '대통령'이 되었다.

역대 최소 격차, 비호감 등의 단어들로 그의 진정성과 진심, 간절함이 평가절하되고 있는 지금, 나는 지난 1년 그의 뒷모습, 기쁨, 아픔, 고민, 절망, 그 누구보다 인간적이고 순수한 국민에 대한 그의 진심을 지근에서 지켜보며 그 순간순간 빛으로 정성껏 그려온 나의 그림을 이제 세상 사람들에게 보여줄까 한다. 정리해 보니 지난 1년간 거의 수십만 장의 사진을 그렸고 그것들을 한 장 한 장 분류해 나가며 그간 머릿속에 들던 "왜? 무엇이? 그를 대통령으로 만들었나?"에 대한 의문의 답을 자연스레 찾을 수 있었다. 이 기록들을 보는 이들이 첫 장에서부터 마지막 장을 마치는 순간 그 답을 알게 될 것이고 내가 본 그 어렵지 않은 답을 대중들과 공유하고 싶다. 나는 그의 앞모습보다 뒷모습을, 그의 연설보다 소탈한 국밥집의 농담을, 싸움꾼의 패기보다 시장 할머니 손을 잡고 눈물 글썽이는 그 인간 윤석열을 훨씬 더 가까이 많이 지켜본 사람으로서 바라고 확신한다. 그는 늘 그래왔듯 잘 해낼 것이고 강하지만 따뜻한 정말 나라와 국민을 사랑하는 사람이라는 것을...

지난 1년 단순한 설렘이 감동이 되기까지 이 사진쟁이의 심장을 다시 가열차게 박동시켜준 그에게 감사드리며 나 또한 국민의 한 사람으로 그가 앞으로 그려나갈 이 나라의 새 그림이 무척 궁금하다. 그러나 이것만은 확신한다. 적어도 내가 본 대통령 윤석열이 그리는 앞으로 대한민국의 대부분의 색은 모두 국민으로 채워질 것이라는 것을...

소망한다. 그가 꿈꾸고 바라는 그것들이 모두 이루어지기를!

뜨겁던 2022년의 봄
사진가 **김용위**

윤석열을 겨눈 남자

한켜 한켜 얇은 시간들이 쌓여 역사를 이룬다.

역사를 확대하여 얇은 시간들을 해체해 본다면 그것들은 거대한 혹은 소소한 사건들로 구성되어 있다. 현재까지 흐른 영겁의 시간들, 우리는 그것들을 딛고 서 있다.

여전히 시간은 흐르고 있으며 새로운 역사가 새살처럼 돋아난다.

사진가는 기록하는 자이다. 사라지는 것들, 과거가 되는 것들, 휘발되는 것들을 박제하여 남기는 일을 하는 사람들이다. 특히 다큐멘터리 사진은 현재를 채집하고 포착하는 사진의 본질적 기능에 충실한 쟝르이다. 사진으로 박제된 그것들을 남겨 기록하는 일, 그것은 다큐멘터리 사진가들만이 갖는 보람이다.

사진가 김용위는 대통령 후보 윤석열을 사진 찍었다.

그만의 내밀한 시각과 프레임을 날카로운 도구 삼아 찍고 찍고 또 찍었다.

한 인간이 그려내는 역사의 프레임들과 거칠고 더운 호흡들, 그리고 무형의 열정따위를 사진속에 담았다. 마치 꾹꾹 누른 된 밥처럼 첩첩이 채집했다.

그가 찍은 수십만장의 사진들을 본다.

뜨거운 피사체를 사진 찍는 일은 사실 사진가에게 쉬운 임무가 아니라는 것을 알고 있다. 대선이라는 거칠고 너른 마당에 쏟아지는 에너지와 호흡 그리고 열정따위의 무형의 것들을 담는 일이 사진가에게 어떤 무게로 다가오는지 말이다. 뜨거운 윤석열을 사진 찍는 김용위는 전력을 다해 내달리는 후보 윤석열의 호흡을 포괄했다. 김용위의 눈은 날카로웠으며 가슴은 그것들을 담기에 충분히 끓어 올랐다. 열정과 땀 그리고 진심 같은 것들, 시간의 흐름에 따라 휘발되는 것들은 김용위의 카메라 렌즈를 통과하여 망막에 다다랐고 그는 검지에 힘을 주어 거침없이 기록했다.

정치인을 사진에 담는 전속 사진가의 임무는 단지 사실을 기록하여 보존하고 소통한다는 사진의 근본적인 의미에 국한되지 않는다. 김용위는 후보자 윤석열을 치켜 세우는 식으로 작업하지 않았다. 멋지게 포장하거나 위대하게 보이도록 왜곡하거나 흔한 포토샵 보정따위도 적극 개입시키지 않았다. 그의 프레임들은 시장통에서 음식을 먹는 찰나와 상처난 손등, 아이를 끓어 안고 다른 아이처럼 웃는 후보자의 표정에 고정되었고 진솔하게 인간 윤석열의 숨을 담아 전달하려고 애썼다.

김용위의 사진들을 다시 본다.
마치 윤석열 후보와 따순 차라도 한잔 나눈 기분이다.
소탈하고 털털한 하지만 두터운 심지를 가진 커다란 삼촌과의 기분좋은 티타임을.

총과 사진은 "shoot"이라는 단어를 공유한다.

김용위는 윤석열을 겨눴다.

노련한 저격수처럼 날카롭게 순간을 베어 역사의 다른 한켜를 만들었다.
그것이 능숙한 사진가의 임무이다.

사진가, 중앙대학교 사진학과 겸임교수
김한준

변화는 시작됐고 꿈은 이루어집니다

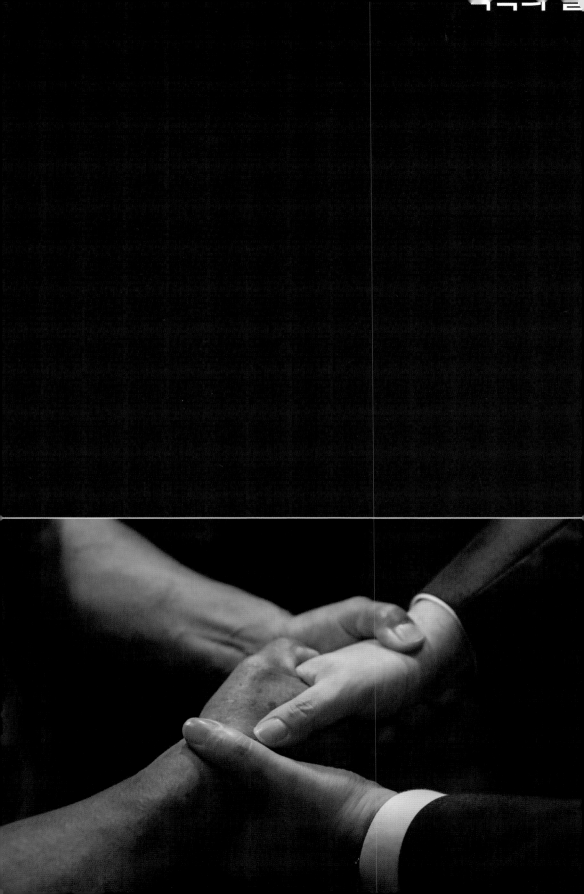

초심을 잃지 않고

겸손한 자세로

국민만 보고

가겠습니다

늘 국민편에

서겠습니다

국민을 속이지 않는

정직한 정부

국민 앞에

정직한 대통령

되겠습니다

국민 여러분

고맙습니다

— 당선사 중

오로지 국민만을 바라보고 나아가겠습니다

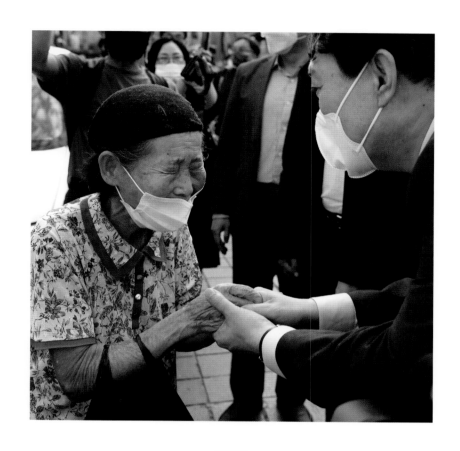

우리 사회에는 많은

사회적 약자와 소외계층이 있습니다

모두 우리의 가족이고 이웃입니다

이 분들이 더욱 든든하게 보호받을 수 있도록

안전망을 두툼하고 촘촘하게 마련하겠습니다

항상 낮은 자세로 공감하며

국민의 삶 가까이 있겠습니다

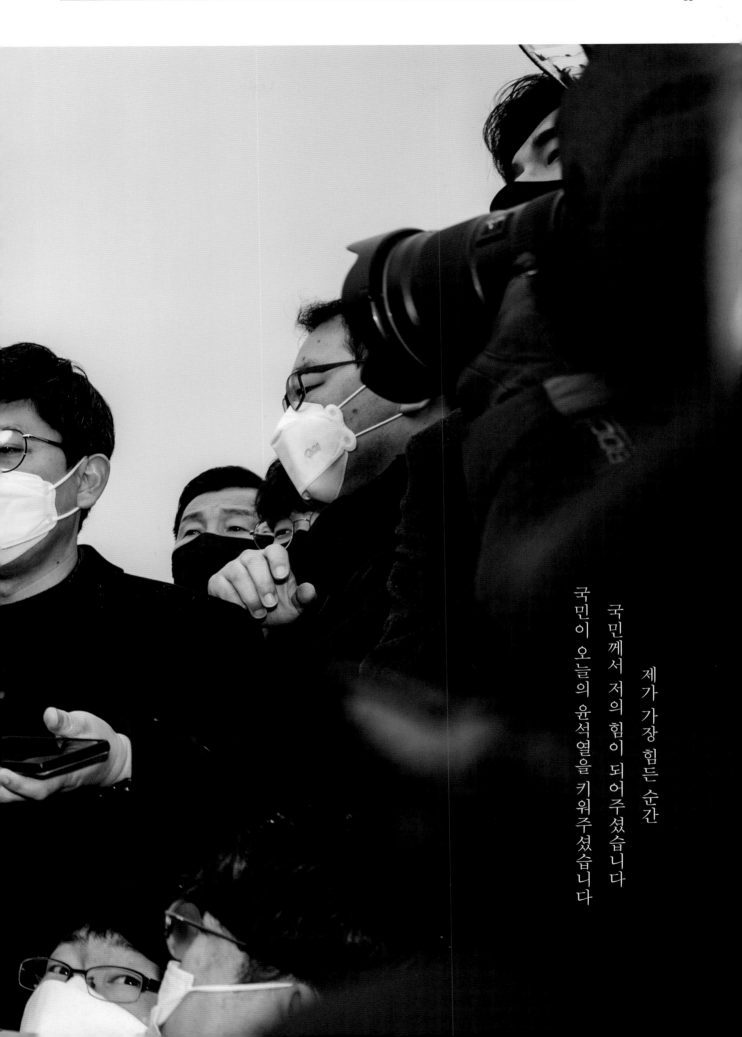

제가 가장 힘든 순간

국민께서 저의 힘이 되어주셨습니다

국민이 오늘의 윤석열을 키워주셨습니다

대통령님,
민주주의 파괴한
드루킹 대선 여론 조작

왜 모른 척
하십니까!
사과
하십시오!

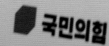

국민의 생명과 안전을 지키는 것보다

더 중요한 국가의 책무는 없습니다

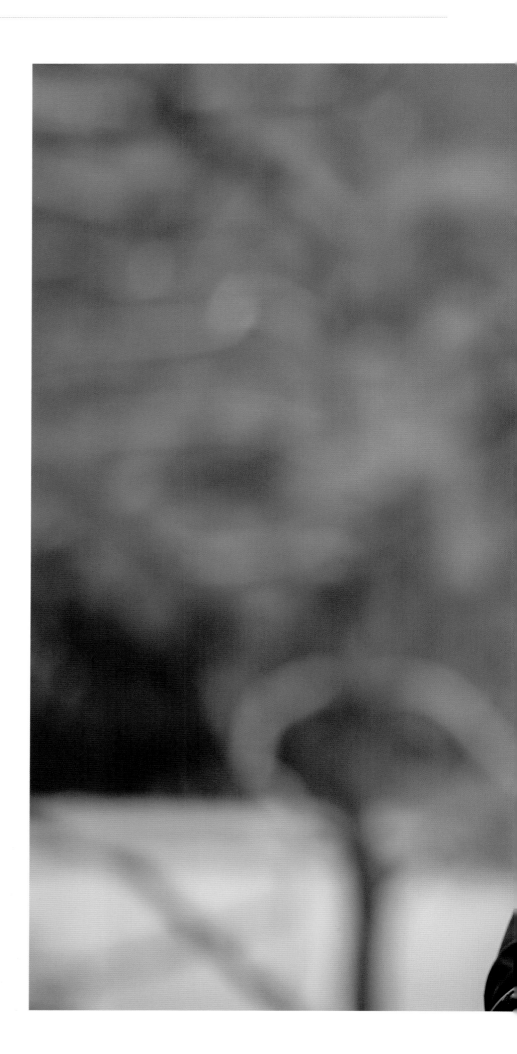

우리 모두가 힘을 합치면 이겨내고 앞으로 나아갈 수 있습니다

영웅을 기억하겠습니다

국민을 지키겠습니다 윤석열이 약속드립니다

역사의 길

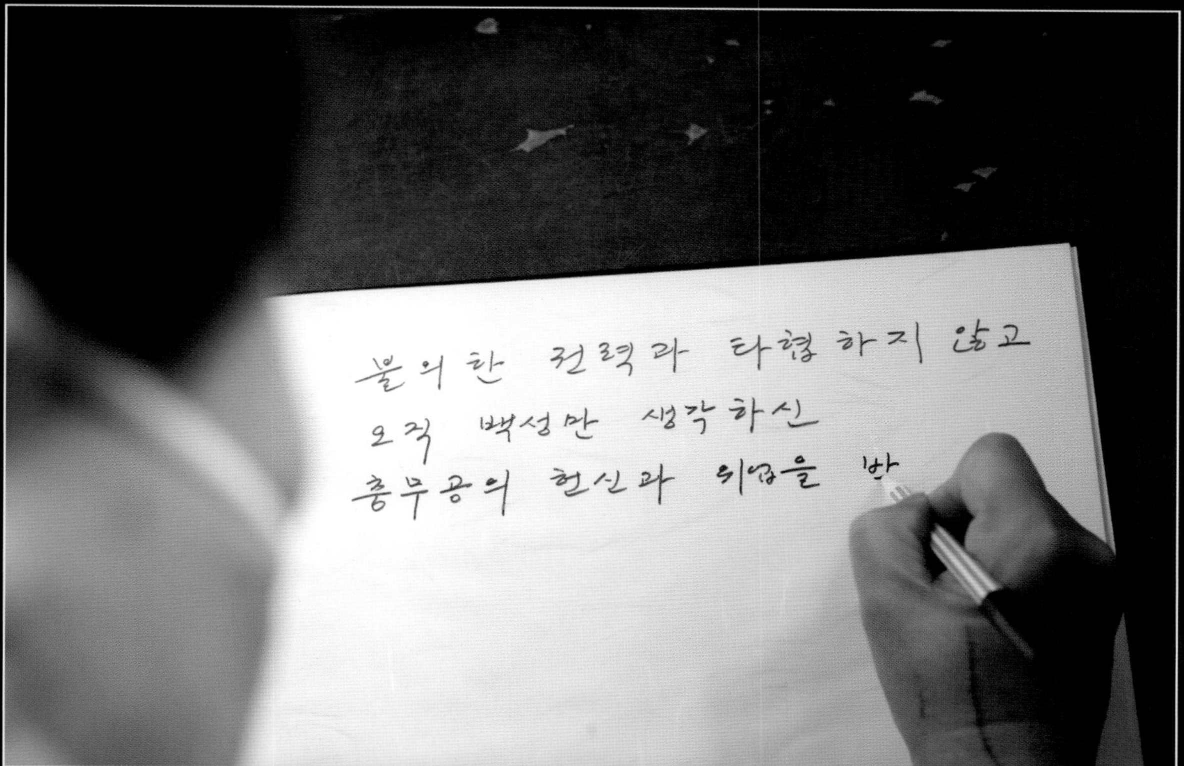
불의한 권력과 타협하지 않고
오직 백성만 생각하신
충무공의 헌신과 위업을 받

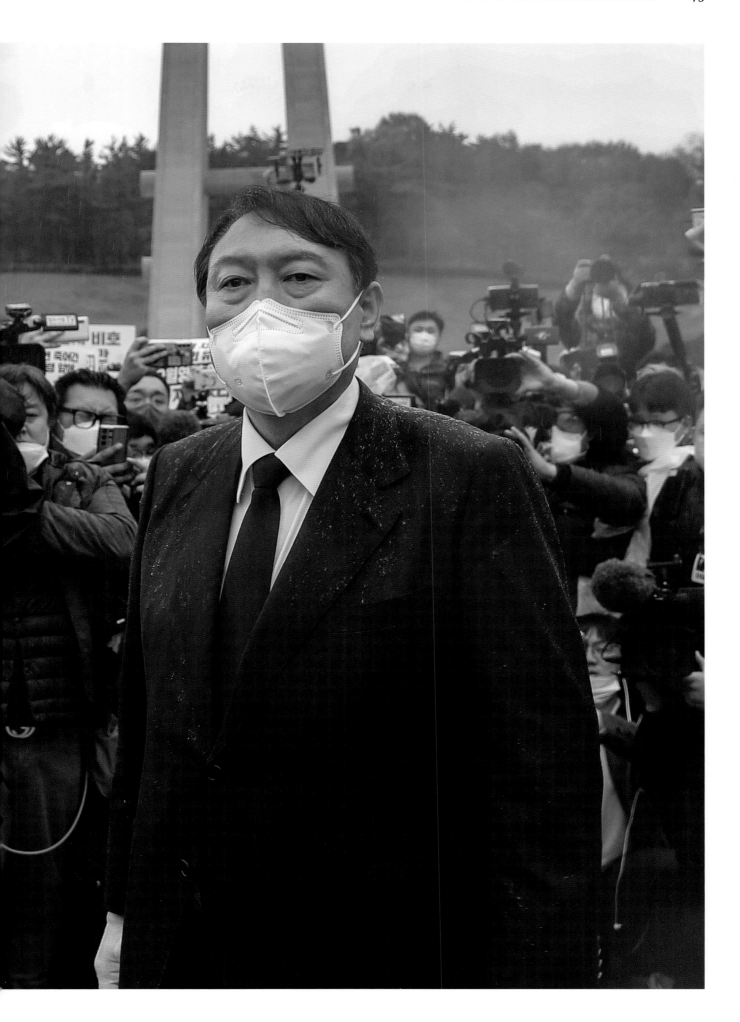

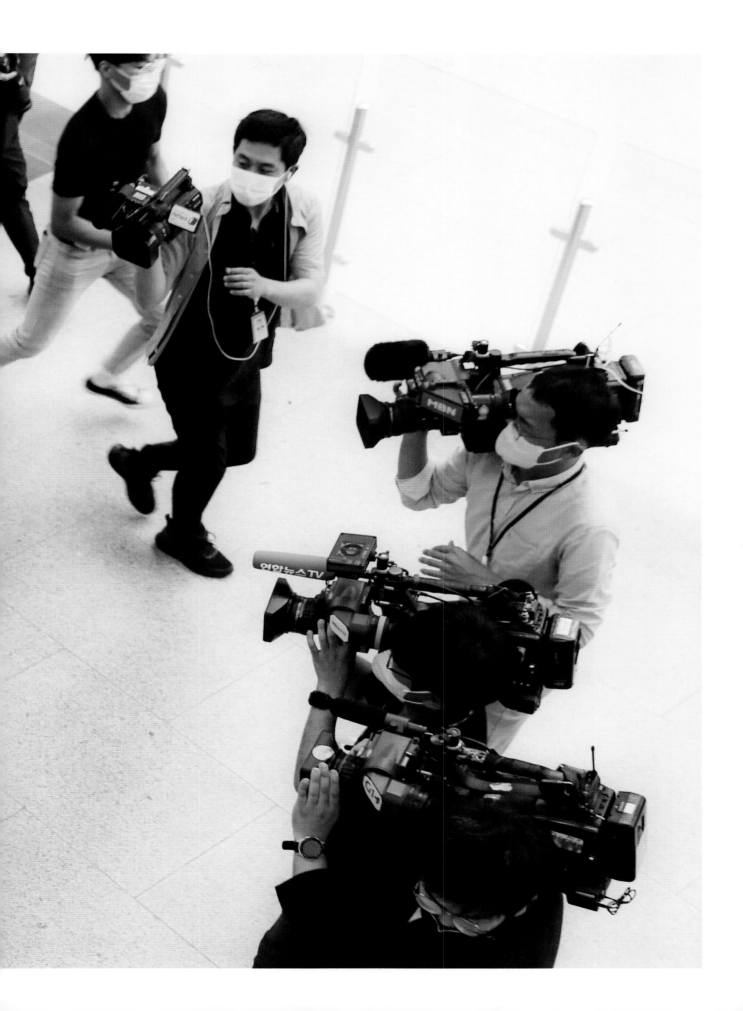

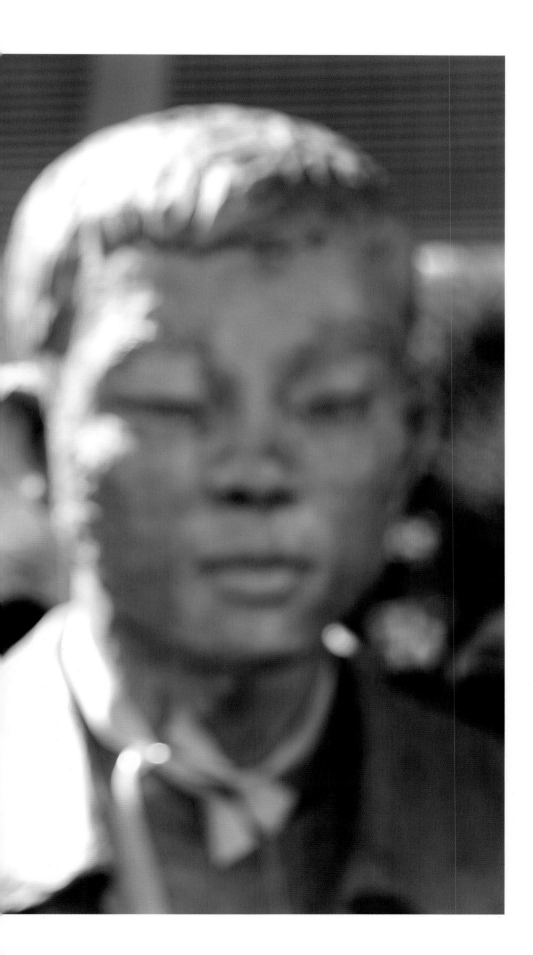

국가의 품격은

과연 국가가 어떠한 삶을 기리고

어떠한 역사를 기억하는가로 결정됩니다

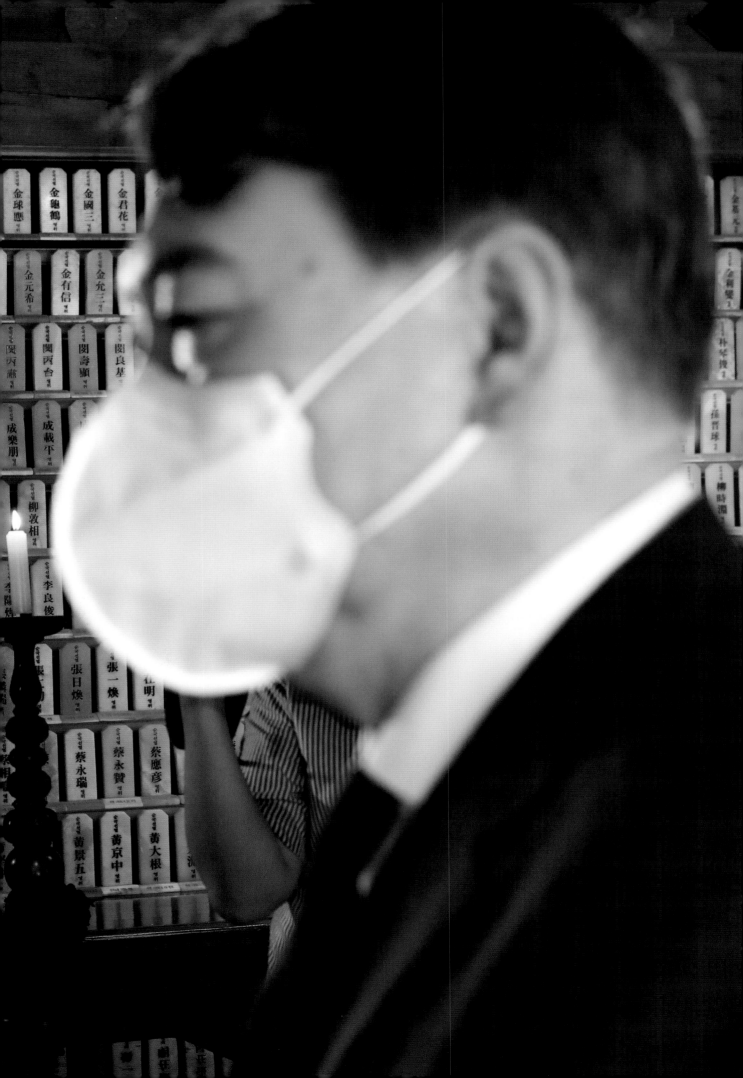

무너진 자유민주주의와 법치를 살리고
시대와 세대를 관통하는 공정의 가치를 회복하여
정의로운 대한민국을 반드시 재건하겠습니다

부우섭 양병수 홍원일 고경후 고은필

부을림 양유동 홍지배 고남근 고인필

부장림 양천수 강윤식의자 한희창 고남옥 고종민 김계봉

양희수 박천니 고남표 고천섭 김균봉

유상우 이기병 고달빈 고치언 김근현

이두정 고달오 고한관 김기식 김상필

강복천 고달주 고흥사 김대보 김상진

장병사 고유진 고흥희 김대욱 김상순의1녀

고봉례 김갑원 김무웅 김생원

고봉숙 김갑순 김무생 김생윤

김갑신 김문준 김경생 김문철

김경원

김순근 김순분 김순옥 김슬기 김승례
김용열 김용우 김용조 김용준 김용환
김정식 김정은 김정준 김종문 김종민
김한웅 김향자 김향훈 김현수 김현숙
맹기열 문광섭 문석배 문수희 문연순
박봉순 박부인 박상은 박상임 박선일
박종선 박종수 박종엽 박종준 박종필
백현진 변병대 변서희 변소정 서미화
손홍범 송균섭 송기완
송지용 송진임 송창섭
안상규 안시윤 안영수
오경득 오노선 오달섭
오지수 오혜림
유호
이기순
이순복
이재식
이태규
정태현

김시견 김시영 김시진 김애숙 김여탁 김○
김원규 김월수 김월순 김유리 김윤섭 김○
김주태 김지상 김지숙 김지연 김진무 김○
김현진 김형기 김형석 김형순 김형주 김○
문향복 민권기 민도재 민재규 민재규 박○
박세광 박소재 박수지 박수진 박승남 박○
박중현 박지현 박찬기 박찬덕 박찬도 박○
서봉례 서승표 서영숙 서윤석 서화자 선우
송도종 송만섭 송만영 송명섭 송범숙 송○
송치상 송치준 송풍성 송활섭 신건백 신○
안재욱 안정화 안정희 안지영 안창국 안○
오문석 오문석 오민석 오복성 오복세 오○
용례시 우명환 우원희 우은영 원법현 원○
윤동수 윤만길 윤명화 윤석열 윤석찬 윤○
이기택 이길우 이남숙 이동구 이동례 이○
이승규 이승식 이승주 이승훈 이여택 이○
이점숙 이정국 이정규 이정근 이정대 이○
이하주 이현자 이형주 이후진 이흥규 이○
장상현 장인 장재영 장재영 장재환 장○
정명환 정명훈 정민기 정민주 정민혁 정○
정하열 정해주 정회자 제도군 조갑순 조○

대한민국이 활짝 웃는 그 날까지 최선을 다해 뛰겠습니다

전두환옹호발언

사과하라

옹호하자

위대한 우리 국민을 믿습니다

언제나 국민과 함께 하겠습니다

저도 더 잘하기 위해 노력하겠습니다

혼밥하지 않는 나라
함께 하는 나라
함께 사는 나라

대한민국

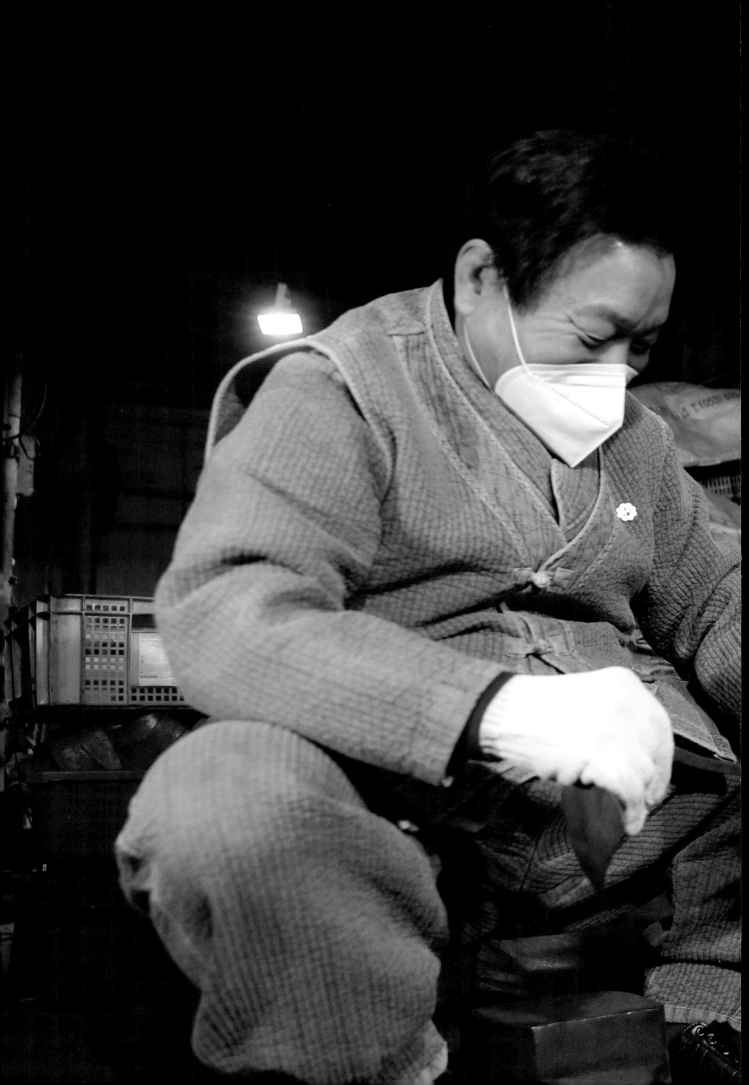

국민들께서 저를 정치로 불러낸 이유를 다시 새깁니다
이념과 진영 논리에 빠져 국민을 편가르기 하는 낡은 정치를 청산하고
국민이 진짜 주인인 나라를 만들라는 명령을 받들겠습니다
국민들의 뜻을 받들어 위기를 극복하고 다시 도약하는 대한민국을
반드시 만들겠습니다

선물

하늘 아래
가장 커다
오늘입니다

오늘 빅
가장
당신은

당신 마지막
웃는 얼굴 코
한 아름 빠

불공정을 공정으로 몰상식을 상식으로
대한민국 노동자들이 정당하게 노동의 가치를
인정받을 수 있도록 굳건한 토대를 마련하겠습니다
하나된 국민, 도약하는 대한민국, 국민이 주인인 나라
국민과 함께 반드시 만들겠습니다

저는 된 사람이 아니라

되려고 노력하는 사람입니다

저는 오늘보다 내일 더 나은 사람입니다

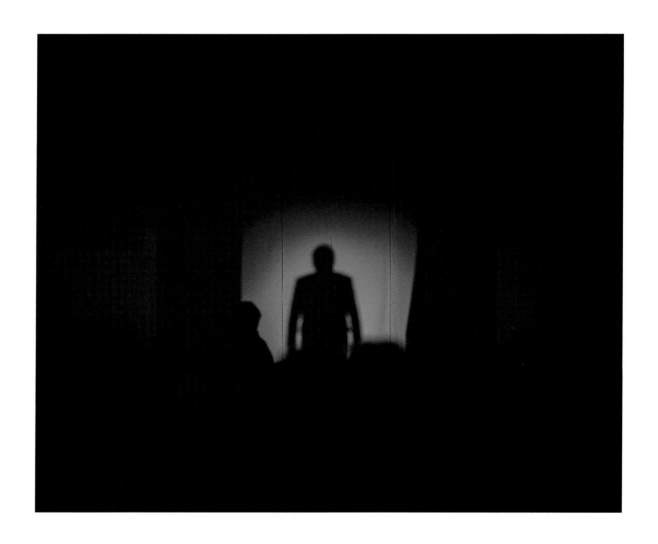

아이 낳고 살 만한 세상이라고 느끼도록 바꾸겠습니다

희망의 길

저는 국민의 머슴입니다
모든 권력은 국민에게서 나오고 국민이 주인입니다
머슴 노릇을 제대로 안하면 민주주의가 아프고 병드는 것입니다
자나깨나 늘 내가 모시는 국민의 이익과 행복만을 생각하는
진심으로 국민을 섬기는 정직한 머슴이 되겠습니다

소통은 첫 번째로 지키고 싶은
국민과의 약속입니다

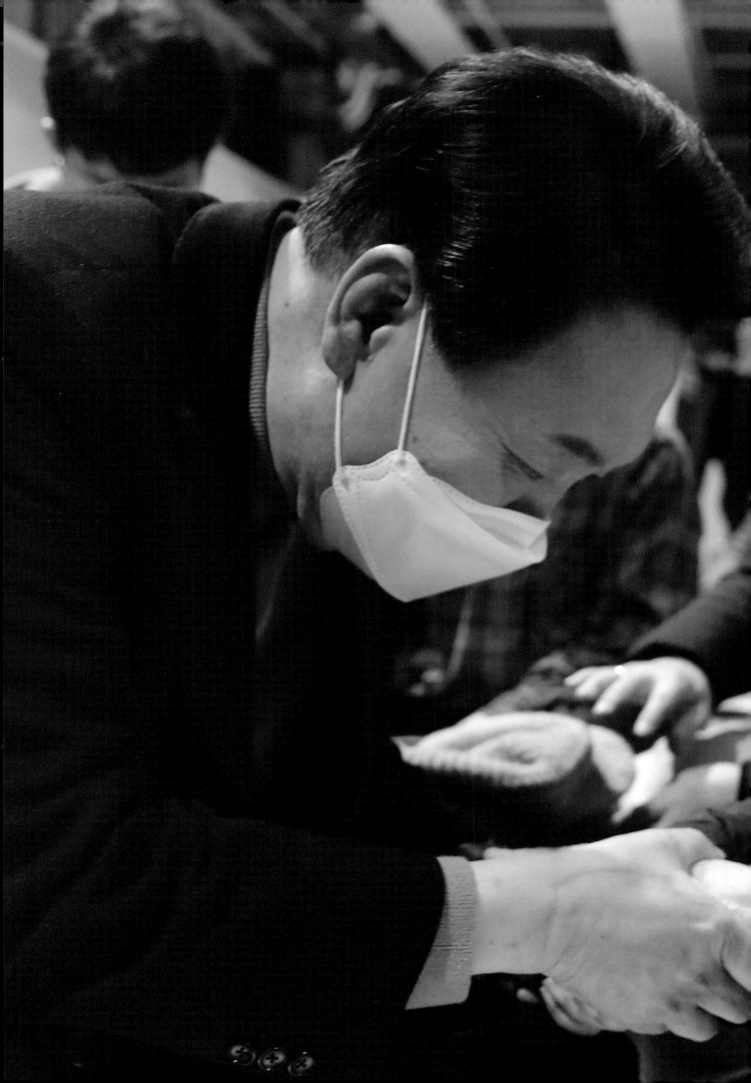

아이들에게 밝은 미래를 물려주는 것이 우리 기성세대의 일입니다
아이들의 꿈과 희망을 가장 소중히 여기는 대통령이 되겠습니다

국민과 늘 소통하고
어려운 일이 있을 때 참모 뒤에 숨지 않는
책임 있는 대통령이 되겠습니다
제 주변과 측근의 부정부패에도
단호하게 읍참마속하는 대통령이 되겠습니다

국민에게 따뜻한 대통령이 되고 싶습니다
국민 옆에서 듣고 국민 눈높이에서 보며
국민의 삶을 위해 일하겠습니다

이제는 과거보다 우리에게 주어진 과제

그리고 미래를 생각하고 나아가야 합니다

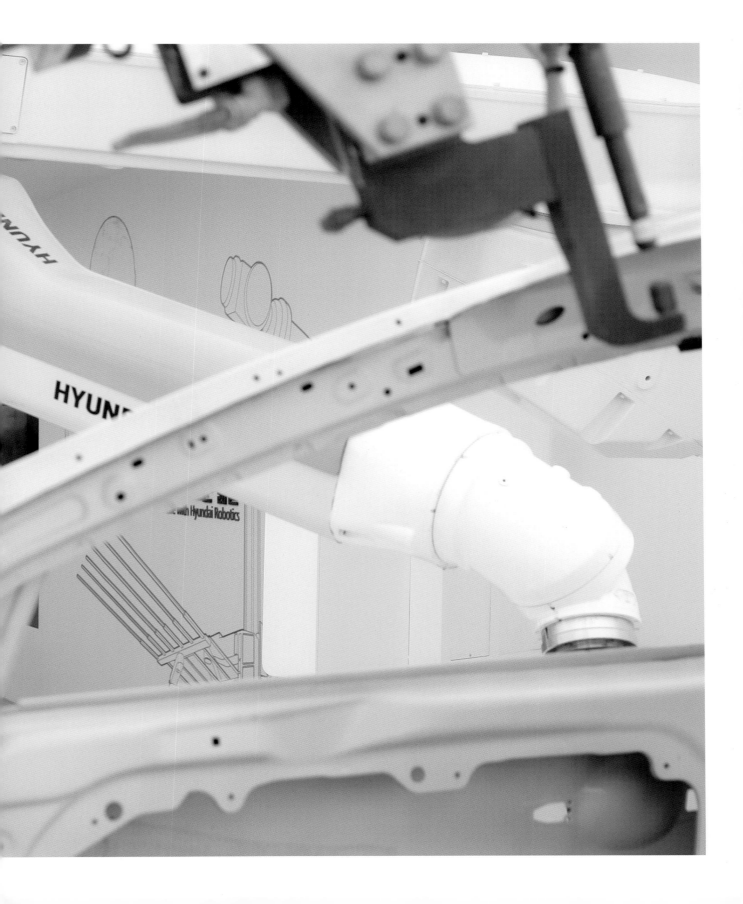

저는 책임 있는 변화를 국민들께 약속드립니다

자율과 창의를 통해 만들어지는 역동적인 나라

공정한 기회 보장을 통해 이루어지는 통합의 나라

어려운 이웃과 약자를 배려하는 따뜻한 나라를 만들겠습니다

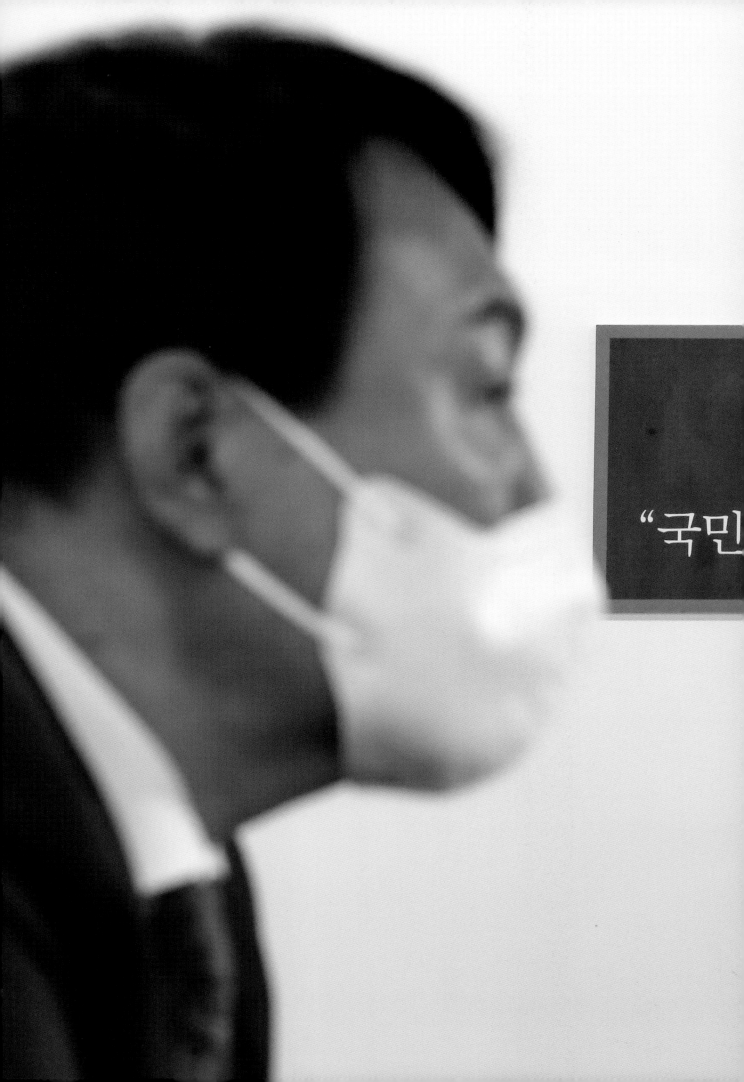

윤석열의 약속

부동산

걱정 없애드리겠습니다."

누구나 약속할 수 있지만 아무나 실현할 수 없습니다

누구나 변화를 이야기하지만 아무나 변화를 만들어낼 수 없습니다

자율과 창의를 통해 만들어지는

역동적인 나라

공정과 상식
국민의 힘으로
정권교체!
윤 석 열

윤석열은 반드시 국민의 것을 되찾겠습니다

국민과 함께 공정의 길로 직진합니다

과거보다 우리에게 주어진 과제

그리고 미래를 생각하고 나아가야 합니다

윤석열은 앞뒤가 같은 사람입니다

저와 국민의힘이 꿈꾸는 나라는

국민 개개인의 자율과 창의가 최대한 발휘되는 역동적인 나라입니다

누구든지 정당하게 노력하고 땀 흘리면 공정하게 보상받는 나라입니다

어려운 이웃과 약자를 보호하는 사회 안전망이 제대로 작동하는 나라입니다

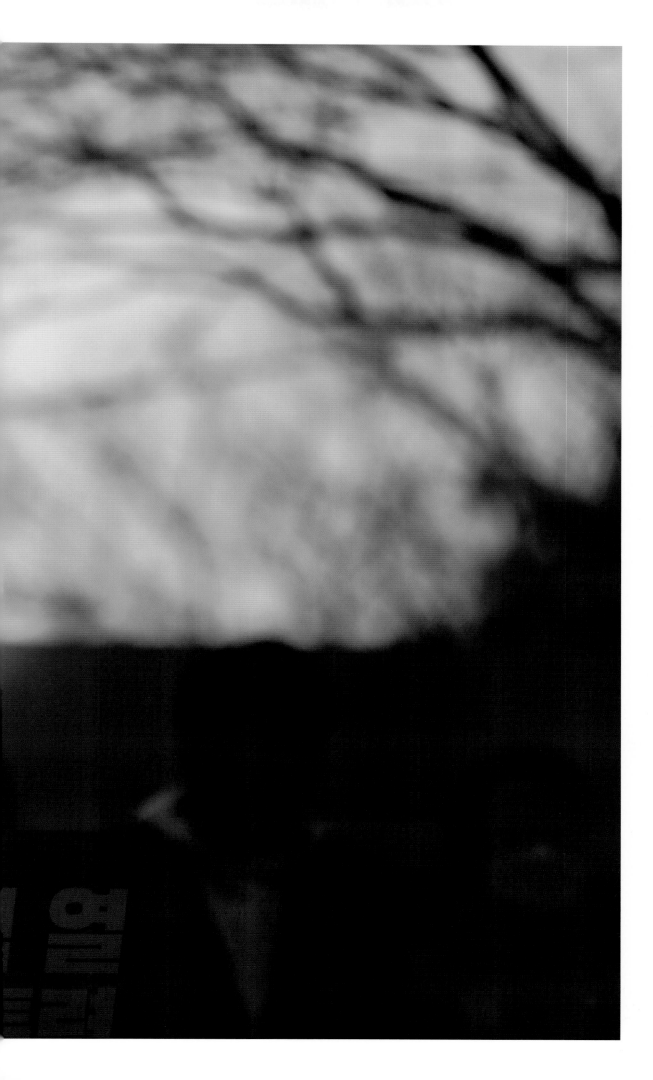

정치는 사람이 하는 것이 아니라 사람들이 하는 것

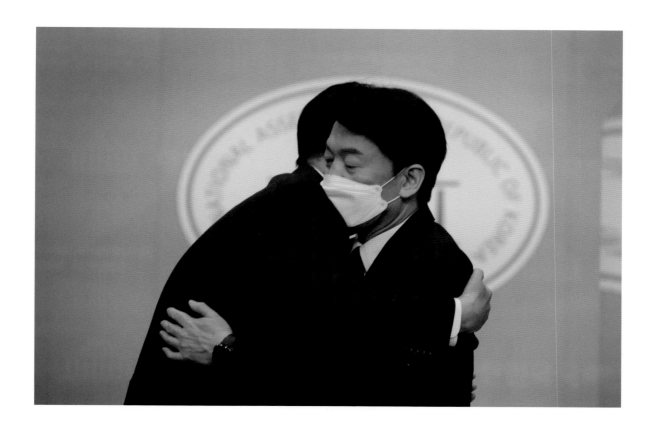

윤석열은 반드시 국민의 것을 되찾겠습니다

국민과 함께 공정의 길로 직진합니다

2022. 03. 09

다시, 대한민국

위 대 한

통 합 과

만 들 겠

국민과 함께

번영의 나라

니다.

2022. 3. 10.

석 열

국민 여러분 앞에 섰습니다

국민 여러분이 보내주신 지지와 성원이 있었기에
제가 여기까지 올 수 있었습니다

정치를 시작한 후 여러 어려움이 있었습니다

그럴때마다 왜 국민이 저를 불러내었는지
무엇이 국민을 위한 것인지를 생각했습니다

앞으로도 오직 국민만 믿고
오직 국민의 뜻을 따르겠습니다

감사합니다

윤석열

윤석열의 길

초판 1쇄 펴낸날 2022년 5월 10일

지은이	김용위
펴낸이	김한준
고문	김홍석
편집	위하영
펴낸곳	엘컴퍼니

주소	서울시 강남구 학동로23길 58
전화	02-549-2376
팩스	0504-496-8133
이메일	lcompany209@gmail.com
출판등록	2007년 3월 18일(제 2007-000071호)

ISBN 979-11-85408-34-7 03340